南懷瑾文化

道家 密宗 與東方神祕學

南懷瑾◎著

出版說明

一九八五年，在南師懷瑾先生離臺赴美前，這本書才完成了編輯出版。

本書的內容，並非講課記錄，而是南師親自撰寫的。自一九七一年五月起，各篇陸續刊登於《人文世界月刊》，共約一年之久。

原文題目本是「道家密宗與西方神祕學」，但當時的編輯陳君，除把各篇編輯為講述外，也把題目中的「西方神祕學」改為「東方神祕學」，大概因為內容涉及東方的神祕較多之故。

此次在多年後訂正再版之際，重新編排，恢復原來文章全貌，書中大小標題，除保留南師原始標題外，編者根據內容另於各章節處增添小標題，以方便讀者對內文的瞭解。

本書內容各篇，雖為南師四十多年前的著述，今日重讀，深感其文字簡約，內容豐富，條理清晰，令人對密宗及各方面，有豁然開朗之感，對於學文化，學密法，學佛法的讀者來說，本書也許可以視為不可或缺的吧。

本書在重編過程中，晏浩學友協助訂正工作，在此特別感謝他了。

劉雨虹 記

二〇一八年 秋月

編輯前言

密義深奧，丹訣難解，數千年來參究內宗專一修行之士，每每望之興嘆，或滯殼迷封，或誤入歧途。蓋皆以不得明師指點，盲修瞎煉，妄自徒勞為憾。然宗教神祕之學，並未因此而泯滅，反而以其神祕莫解而轟動流行於末法之近世。牽強附會，妄引仙訣法要，與人實法，甚或假之聚眾斂財，其流弊所及亦大矣！此殆非先賢密法傳世之本義哉！

有云：二十一世紀將為精神病籠罩之時代。近年來因宗教之誤而精神失常，求藥於南師處之患者亦多矣！大抵皆以不明密法之真義，缺乏正知正見，以勘破宗教神祕儀式之假相，遂陷入思想混亂分裂狀態而不能自拔，悲哉！殊可憐，復可愍也。

敝公司有感於此，遂收集歷年來南師有關神仙丹道及密法理事相關之著作及講記，編輯成冊，再三求請，終獲南師之姑准，排印出書，但願有利於真誠向道修行之士，獲正知見，證無所得，知所歸依，是為心馨所禱者也。

中華民國七十四年七月十五日　編輯部謹誌

目錄

出版說明 6
編輯前言 8
一、道家密宗與東方神祕學 15
宇宙與人生的奧祕 15
宗教 哲學 科學 神祕學 17
東方古國的神祕奧祕 18
道家、佛家與西方神祕學派 19
二、密宗的神祕 21
東密和藏密 21
藏密進入漢地及西方 23

三、神祕的密宗　26
近於神人之間的龍樹　27
中國佛教八宗之主——龍樹　28
印度文化的宗教和神祕學術　30
釋迦涅槃後的佛法　32
四、密宗理論之依據　34
大日如來與宇宙萬有的本體論　35
心嚮往之的即身成佛　36
密宗三密中的身密　38
手指祕名　39

五、人身的內密　42

關於密宗手印的神祕　42
有關人體氣脈的奧祕　43
佛學顯教與密宗在學理上的矛盾　48

六、聲音的奧妙　51

有關身密的論辯　51
三密之一的「聲密」　53
重視咒語的神奇早在佛教之先　54
人類真瞭解音聲的神祕嗎　56
密宗咒語的根據　57

七、聲音對人體神妙的作用　59
聲音的妙密　59
三字根本咒與人體氣機的關係　61
八、意密與佛學理論之依據　65
意密與唯識　67
有關心意識修法的粗淺說明　69
九、意識的神祕之研究　72
再論「意密」　72
意識與現代心理學　73
建立在唯識學上的意密　76
第六意識　獨影意識　78
意識的根　79

十、從世俗到出世——談意密與觀想　82
生圓二次第與觀想成就　84
觀想成就的測驗　86

一、道家密宗與東方神祕學

宇宙是一大奧祕，人生是一大奧祕，宇宙何以生成天地萬有？更是大奧祕中的奧祕！宇宙的生命，何以有人類？人是怎樣生成？為何會死去？死去以後有無靈魂？生前心靈的功能和精神的作用，究竟有多大力量？人的壽命和現有的肉體生命，能否有方法長久的活下去？這些都是宇宙和人生奧祕的問題，也是古今中外人人迫切想要知道的學問。

宇宙與人生的奧祕

人類在上古時代，智識並未普遍發達，無論東方與西方，人們想要尋求這些問題的答案，只有投向宗教的解釋和信仰，把心靈付託於堅定的信念而不必再求深究。可是信念大體是偏重於感情的作用，求知究竟是偏向於理智的要求。感情與理智，在人類的心理中，往往自相矛盾，理智的求知常會懷疑感情信仰的可靠性。因此運用思想之慧思以求知的要求，便如脫羈之馬，自動跳出宗教的範圍，走向運用自己的智識去推尋宇宙與人生奧祕的究竟。

於是哲學求知的領域，便由此而建立它的權威。宗教的教義，也須運用哲學的解釋來增加它的真實，人生的思想方向，行為道德，生活意義，也須哲學來確定它的善惡標準。但是推崇愛好思想的玩意久了，人們對於思想本身的可靠性，又發生了懷疑。因此先要縮小範圍，研究思想本身和運用思想方法的邏輯學問，便由此產生而成為專門的學識。

可是，宇宙與人生的種種奧祕，並不因為有了邏輯的運用而求得了明確的答案，所以科學便從哲學的口袋裡脫穎而出，向自然的物理世界與現有實際的物質中，去探求究竟。

宗教　哲學　科學　神祕學

到目前為止，科學研究的結果，比古人更加進步，而懂得自然與物理世界的智識，可以部份把握物質和運用物質，而且的確有了空前的成績。但是，累積古今中外幾千年的文化，由宗教而到哲學，由哲學而到科學的今天，人類智識的範疇，可以遠上太空，細入無間，仍然還不能明白切身生命的奧祕，並未尋求到宇宙生命奧祕的結論。從這個角度看來，可以說，芸芸眾生，熙熙攘攘，依然還在渾渾噩噩，無識無知的過著莫明其妙的人生。所以東西方的文化中，自古相傳迄今，似宗教非宗教，似哲學非哲學，亦宗教亦哲學，同時也有它自己的科學精神和作用的神祕學，照樣屹立不倒，仍然被人們所樂於接受，樂於追求。甚之，在物質文明高速發達的今天，更為吃香，更為人們所傾倒。

這是什麼原因呢？因為物質文明發達的結果。這個世界，幾乎成為機械的世界，距離自然愈來愈遠；這個世界上的人生，幾乎成為機械的人生，枯燥乏味。而神祕學所講究的，雖然還沒有離開人體和自然物理的關係，但是它是講究精神生命的學問，它在追求精神生命和宇宙生命綜合的究竟。

東方古國的神祕奧祕

從神祕學的立場來講，有悠久歷史文化的東方古國，如：中國、印度、埃及，都是神祕學的古老泉源。也可以說，東方的古國，極富有神祕的奧祕，已經引起西方人的興趣，而且非常注意的開始追求。但是現在流行在美國方面來自歐洲的神祕學，卻多是承認從埃及文化的系統而來。他們研究人體潛在的功能，傾向追求人自具有超越現實力量的神通妙用，相似於科學幻想小說中的境界。雖有相當的道理，但並不究竟。不過也同時保存了埃及和希臘文化綜合的天文星象學與人類生命的關係，由此可以看出，它與中國上古文化互有共通之處的特色。因為有了這種趨向，在西方的文化思想中，人們逐漸相信有前生和後世循環因果的關係，相信有靈魂的存在，而且正在開始追求靈魂存在的證明，漸漸形成為靈魂學的專門學問。

從表面看來，它與中國傳統流傳的道家，以及佛教的密宗，有些相同之處，實際上，其間的差別異同，大有問題。至於對中國道家方面的學術，並不瞭解，雖然已經有人把道家丹道方面的書籍《太乙金華宗旨》，譯成英文；暫時不管它的翻譯是否準確，到底還如弱水三千，但只取得一瓢而飲的微渺。

道家、佛家與西方神祕學派

近年以來，也有人想把中國的道教和神仙丹道的學術，傳向美國，其志固然可嘉，其學可惜未充。因為那些拉雜繁蕪的道家表皮之學，並不足以真能代表道家學術而引人入勝。倒是佛教在西藏留傳的密宗書籍與部分方法，自十九世紀開始，經過英國、法國學者和傳教士們的研究和翻譯，有幾種精要的法典，都有法文和英文精確的譯本，而且一部分被西方流行的神祕學派，吸收融化而別出心裁，另行樹立格調，更加深西方神祕學的神祕性。

但很可惜的是，西方的文化思想，它的原始根本存有兩個極大的障礙，始終擋住了趨向形而上道真正解脫的道路。（一）因為西方的文化思想，基本上是偏向於唯物的，所以它把精神領域的奧祕，和形而上道的結論，非常自然的都會歸向於物理的作用，不能澈底明白和求證到超越心物的究竟。（二）西方文化的基本精神，始終包藏在「新舊約」的懷抱裡，到了追求神祕到無法用人類慣性的思想智識去解釋時，仍然把它推向宗教的領域裡，尋找答案。

因此，我們現在要發揚中國傳統文化自古相承的人生與宇宙奧祕之學，必須要從學術的整理而尋求配合科學的求證，才能光前而裕後。此外，有些西方人，把禪宗也摻進神祕學裡，那更是嚴重的問題，豈止嬉皮們歪稱淵源於東方中國的禪與道的風格呢！

二、密宗的神祕

密宗，在中國佛教中，被列為十大宗派之一，又稱為祕密教，或簡稱密教，其別稱為喇嘛教，是從西藏語的習慣而來。因為西藏流行密教的出家僧徒，稱為喇嘛，所以便以喇嘛而名教，實以人事作為教派的代名。

東密和藏密

密宗起源的傳說，約有兩途：

（一）從傳統佛教的觀念，認為釋迦牟尼入涅槃後五六百年間（公元後一五〇至二五〇年間），印度佛教中，出了一位龍樹菩薩（又一說是龍猛菩薩），打開了釋迦佛留在南印度的一座鐵塔，取出祕密宗的經典，從此世上便有了密宗的留傳。到了中國唐朝玄宗時代，有三位印度的密宗大師來到中國——善無畏、金剛智、不空三藏——便傳下了密宗的教門。再到宋末元初，由蒙古人帶入了西藏的密教，經過融會以後，到了明朝永樂時期，認為密宗過於怪異，便下令廢逐，以後就一直流傳在日本，這在中國佛學史上，後來便稱它為東密。

（二）從西藏密教的傳說，認為釋迦佛的一生，所傳授說法的重點，都是可以公開講說的，所以便叫它為「顯教」。至於具有快速成佛的祕密修法，釋迦恐怕說出來了，會驚世駭俗，所以終他的一生，便不肯明言。到他涅槃後的八年，為了度世的心願，須要傳授密法，因此他以神通顯化，不再經過母胎而出世，又在南印度的一個國度裡，正當國王夫婦在後園閒遊時，看見池中的巨蓮，中間一朵，忽然放大得異乎尋常，頃刻之間，又從這巨蓮的花蕊中，跳出了一個嬰兒，就是後來密教的教主——蓮花生大師。長大以後，娶妻生子，繼承王位，以種種神通威德治理國政。以後捨棄王位周遊傳法，到過尼泊爾，發現國王殘暴失德，他便取而代之，為尼泊爾治理好了國家，飄然而去。

當中國唐太宗時代，他便進入西藏傳授祕密宗的教法，從此使西藏成為佛國。他的傳法任務完了，在西藏乘白馬昇空而去，返回他的世外佛土。據說，蓮花生大師永遠以十八歲少年的色相住世，始終不老，偶然嘴唇上留一撮小鬍子，點綴他的莊嚴寶相。當西藏尚未淪入中共以前，密教徒們集會，虔誠修習一種密法「護摩」，以火焚許多供養的物品，有時感通了蓮師，親自現身在火光中，如曇花一現，與大家相見云云。這一路的密宗，在中國佛教史上，後來便稱為藏密。

藏密進入漢地及西方

過去藏密很祕密地固守在西藏的封疆，在元朝，曾一度傳入中國內地，但不久也隨元朝的勢力而消失。清初又一度傳入，但大半都限於清朝的宮廷、王室。藏密部分流傳到歐洲，被摻入西方神祕學派的事，是十八世紀之間，英國在印度建立起殖民地的統治權之後，又想侵吞西藏，極力挑撥漢、藏之間民族的感情，煽動地方情緒，英國的學者與傳教士們，便又輾轉進入西藏學習密法。同時法國的傳教士和學者們，有些從越南通過雲南邊境進入西藏學習，有些通過英國，也從印度入藏。

一直到民國十三年以後，漢、藏之間，互通款曲，顯教與密教的學人，才有了往來，而藏密各宗若干知名的喇嘛大師們——俗稱為活佛的，也就親自來內地傳教，於是藏密便在內地漸漸流傳。尤因佛教各宗的衰落，聽到密宗有祕密的法門，可以快速成佛。而且要發財的，他有財神法。要不捨世俗的男女夫婦關係，而又可立地成佛「不負如來不負卿」的，他有雙修法。要求官求名的，他有增益法。總之，密宗幾乎以有求必應，無所不能的姿態出現，而且以神通相炫耀，幻弄玄虛。不管是真是假，這些陪襯密宗外表的作用，便不知贏得多少善男信女們的傾心膜拜！

但從人類文化的發展史來研究，或從佛教文化發展史來看，無論東密與藏密，原始起源的傳統說法，實在過於神祕，令人無法置喙。如果站在宗教性的立場，只有「信」便是，稍涉懷疑，即是滲漏。可是時代到了今天，科學的文明，到處都向神祕的壁壘鑽研透視，固守舊封，並非上策。密宗的方法，倘使真有利於世人的，何妨再度開放南天鐵塔的鎖鑰，把他的無上威德，多給世人沾些利益。如果打開神祕的大門以後，原來並無其他東西，那又何必抱殘守闕，敝帚自珍呢！因此，我來說密。

三、神秘的密宗

密宗的歷史淵源，已如上文所說，有「東密」與「藏密」兩種不同的傳述。但都是撲朔迷離，更增加了密宗的神祕。篤信現實資料的學者，對此「莫須有」之說，益加不信，甚至譏笑它為愚妄的迷信。虔誠信仰密教的人，對此神祕而難明其所以然的說法，則更加肅然起敬，視為神奇尊貴。其實，兩是兩非都非定論。密宗之密，經過智慧的透視，窮源溯本，也並非完全不能使之明朗化。總之，從現代學術的立場來研究密宗，首先要把握它的關鍵，從早期的東密傳述中開出南天鐵塔的龍樹菩薩說起。（菩薩，是梵文「菩提薩埵」譯音的簡稱，意義即是得道的覺者，但又留情入世而廣度眾生的慈悲大士。）

近於神人之間的龍樹

龍樹，遲於釋迦牟尼五六百年，出生在印度。幼時聰敏過人，而且喜愛神祕的學術。在少年時代，與同學二人，曾經遍學印度的神祕學。據說，已經練成隱身的法術，便與他的同學，行為不軌，夜入王宮，戲弄宮女，有些宮女們因此而懷孕，震驚了整個宮廷。國王用盡種種方法，甚至請術士入宮捉妖，但都無可奈何。後來接受大臣的建議，認為如非鬼怪，必是人為。就連夜在宮中佈防，使每一角落，都遍佈武士，隨意向空握戈刺殺，只有國王周圍一丈以內，不准侵入。結果，他的兩個同學都被殺死，失去了法術的靈效，而顯現人身。只有龍樹，摒閉呼吸，躲在國王的身後，虔誠向佛禱告，許下懺悔罪惡的心願，立誓過此一關，即出家為僧，因此方免於死。

龍樹出家以後，潛心佛法，不久，即遍習大小乘的佛經，而且融會貫通，毫無疑義。於是就認為佛法不過如此，而釋迦既然能夠創教，當然他也可以獨創一格。據說因此而感動了龍王現身，歡迎他到龍宮的藏經處，參觀收藏的真正佛學經典。他在龍宮的「圖書館」中，騎著白馬，走馬看佛經的題目三個月，還沒有全部看完，因此大為折服，放棄他的傲慢思想，便向龍王商量，取來人世尚未傳留的《華嚴經》一部。

據說，龍樹自龍宮取出的《華嚴經》，一共有十萬偈（印度上古原始的佛學，喜歡用長短句的詩歌方式記述，後來翻成中文，經文之外，又有長短句的韻語，便稱它為偈語）。中國佛經中，由梵文翻譯出來的三種《華嚴經》，最完備的一部，也只有八十卷。據說，僅只龍樹取出原經的萬分之一而已。後來龍樹登臺說法，也時常顯現神通，使聽眾們只見座上有一圓滿的光輪，但聞其聲而不見其人云云。

中國佛教八宗之主——龍樹

關於龍樹菩薩個人的歷史故事，在佛教《大藏經》中，另有他傳記的專著資料，譯文雖然不大典雅，但大體可讀，足資參考。而龍樹所著的《中論》，以及與《般若經》有關《大智度論》等的佛教要典，確是佛學的重鎮，思精義深，絕不可以輕視。後來傳入中國的佛教，經過四五百年的吸收融會，到唐代為止，建立了中國佛教的十大宗派。而龍樹菩薩，卻成為中國佛教的八宗之祖，如：禪宗、密宗、唯識（法相）、天臺、華嚴、三論、成實、淨土等。可以說他真是佛教中的主藥，方方有份，實在不太簡單，也並非偶然的事。

知道了這些比較簡要的龍樹菩薩的歷史資料，如果也用考證的方法來求證，實在無此必要。例如龍王是否代表某一人名等等問題，都是無法解決的事實。

（一）因為上古到中古的印度文化，已經沒有文獻可徵。過去的印度人，自己並不注重歷史。後世的印度文化史，都是十九世紀以來，自英國的東印度公司成立以後，才由歐洲的學者們開始收集中古以後的殘餘資料，以推測為考證，別有用心而處心積慮地建立它的體系，此需再加小心地求證於中國佛經中所保藏的資料才對。因為在中國的宋朝中葉，大乘佛教在印度早已銷聲絕跡，已經完全從南北印度傳入中國，成為中國的佛教了。

（二）世界上的神祕之學，如果都可一一考證得出來，它就失去了神祕的價值而不神祕了。

但中國近世和現代研究佛學的學者們，也稍微注重考證，重新估價，認為佛教史上所稱開啟「南天鐵塔」，傳承密宗的大師，不是「龍樹」，而另有其人，名為「龍猛」。於是「龍猛」與「龍樹」，又二即為一，一又為二的迷離兩可之說，更無定論了！然而無論如何，密宗與唯識學一樣，大體說來，都是釋迦牟尼涅槃（滅度）以後五百年間開始，到八百年間而集其大成的印度後期佛學，應無疑問。

印度文化的宗教和神祕學術

把握住以龍樹菩薩為密宗中心的關鍵，暫時撇開佛教，再來研究印度文化發展史的另一關鍵，就應當瞭解古印度的文化思想，向來就偏重於宗教和神祕的學術。尤其南印度方面，是古代世界上神祕學術的發祥地，它與埃及、中國、希臘、大西洋文化系統等神祕學，都有一脈相通的關聯之處。至於印度的宗教學方面，強調一點來說，它與中古以來，流傳各地所創的宗教，都有親切和祕密的關聯，猶如古印度的香料一樣，東西雙方，都從那裡輸入。如果說，在這方面，就是印度傳統文化的光榮，當可受之而無愧。除此之外，又須另當別論了！

釋迦牟尼創立佛教以前，印度原有存在的宗教，便有婆羅門教，而且他的教士們，還是印度歷史上第一等階級的人物。與婆羅門同時存在，先後流傳，甚之與釋迦創立佛教時，也同時盛行，比較龐大而有力量的，還有瑜伽士派等許多派別，也就是佛經上常常提到的外道六師們。他們都與婆羅門教一樣，在佛教以前，就有出家修行、吃素苦行等的制度和習慣。中國佛學翻譯梵文的「沙門」這個名辭，在古代的印度，便是指一切出家修行人的通稱。

自釋迦創建佛教的理論與行證以後，雖然他畢生說法四十九年，宏揚正理，駁斥盛行於當時印度的許多宗派的哲學理論——包括有唯物思想的，有放任主義的，有以苦行為道的，以及婆羅門教的宗教哲學，主張「神我」獨尊的觀念。但真正服膺釋迦佛教，篤信「緣生性空」、「性空緣起」的「般若」正觀的，為數並不太多。而且他當時教化所及的地區，多在中印度和鄰近北印度一帶，並未完全到達南印度的區域。

釋迦涅槃後的佛法

釋迦涅槃以後，他的弟子，又因戒律（制度）和所聞心得的見地不同，逐漸分成二十多個派別，而且多半屬於小乘的佛學思想，互相諍論見解，達四五百年之久。至於奠定大乘佛學的根基，實由「馬鳴」菩薩開其先河。但使釋迦尚未完成的傳教大業，得以完成「般若空觀」與「非空非有」的「中觀」體系，實自釋迦過後四五百年之間，由於「龍樹」的興起，確有密切的關係。換言之，「龍樹」曾經遍學佛教以外的各宗各派的外道，就利用他們的習慣方法，揉集而成為另一系統。但將佛學的中心見地與思想，灌注其中，並不違反人們固有信仰的習慣，而樂於接受，使得佛法普遍宏開，厥功甚偉。因此可知，密宗，實在便是印度各宗派神祕學術的總集成，而它的中心見地與思想，卻皆歸於佛的大教。

至於顯教和密教的佛法，真正開張推廣的，卻是後來印度名王，篤信佛教的「阿育王」之力。但這種演播，只是限於原始的東密而言。有關後來藏密建立大小乘佛學完整體系的理論，使釋迦與「龍樹」尚未盡臻美滿的教理，完成「唯識」心學的體系和程序，則歸功於距釋迦八百年後，宏揚「彌勒」法統的「無著」、「世親」兩兄弟。因此而使後來的藏密學理，貫串顯密的學術而成為通途的條貫。融通「般若」的「畢竟空」，與「唯識」的「勝義有」為一體兩用，使佛學的奧義，更上一層樓而目極霄漢，誠有莫大的功勳。

四、密宗理論之依據

無論東密與藏密所標榜的歷史淵源如何久遠，但它的佛學和修法理論的完整體系，雖自釋迦過後八九百年間「無著」「世親」兩弟兄完成「唯識」法相學後，為密宗的修法，建立了一套完整精詳的理論。但根據「唯識」與「般若」「中觀」的精義而確立密宗「即身成佛」的奧義，在藏密的發展系統中，由初唐開始一直到明代，從「阿底峽」尊者著《菩提道炬論》，再到「宗喀巴」大師著《菩提道次第論》止，才是正式的完成。

其次，由初唐到元明之間，如紅教的「大圓滿」，花教的「大圓勝慧」，白教的「大手印」等等修法，雖然也本於「唯識」與「般若」的見地，但與其說是「中觀」的修法，毋寧說是禪宗心法的同源異脈，較為適當。再其次，東密修法的理論，雖未完全採用「唯識」的大系，但其主要重心，實不離於「唯識」的「勝義有」觀。有關這些學理依據的理由，牽涉太廣，暫且不談。

大日如來與宇宙萬有的本體論

東密最基本的大經，便是《大日經》《金剛頂經》。《大日經》以「毘盧遮那佛」為密教的本尊，也就是別稱為「大日如來」。他是法界獨一無二的一尊，借用哲學的術語來說，他便是超越於宇宙獨一無二的本體。用佛學的名辭，他便是「法身佛」。他與自性成為眷屬，也等於說，宇宙萬有，都是他自性本能的附屬品。他在祕密性的金剛界的心殿之中，永恆不斷的自受所有的法樂。《大日經》所說的道理和境界，便是他說出自身所證到的聖智境界。

透過《大日經》所說的這些基本原理，我們便可知道人類本自具備超越於宇宙萬有的自性本能，根本上，便自具有無比的純真、至善、至美的萬有功能。它便是法界宇宙萬有和人類本性自我的主宰；除此以外，再無其他另有的第一個因，更不是人類所奉獻給他的成果。它便是由小我歸還到本有的大我，而且無所謂有你、我、他的分別之真我。那麼，他與顯教、密宗互相共同的《華嚴經》上所說的「毘盧遮那佛」的原理完全一致。同時，也和「唯識」學所標榜的人性與眾生共有同體的「阿賴耶」藏識的正反面，本自具有「真如」性體的理論和原則，完全相契。而且《華嚴經》由「龍樹」大士所出，《大日經》也由「龍樹」（又說是龍猛）所出。《華嚴》為「唯識」學的基本要典，同時也是通密宗的大經。由此而知，後期佛學之有密教，它與「龍樹」菩薩關係的來龍去脈，就不難探索可知。

心嚮往之的即身成佛

但是，一般顯教的佛學，無論大乘和小乘的理論和修法，都說由一個普通平凡的凡夫，要修證到成佛成聖的階段，實在非常之難。在小乘的佛學中，認為至少要死後重生人生，連續修持好幾生才能證果。到了大乘佛學的

「唯識」法相宗，認為由凡夫到成佛之路，必須要經過三大劫。等於說，要經過無數次的世界成壞，才有成就的可能。一般人在開始學佛學道時，總帶有多多少少，或潛在而不自知的功利觀念，對於多生累劫修持成佛的說法，和遙遠而不能把握的道德昇華和善行的結果，不是望而卻步，就是多數半途而廢。極難至誠修學，遭遇曲折困難而永無退志。只有禪宗，標榜出「明心見性，頓悟成佛」，比較富於吸引力，會使一般人生起追求的渴望。除此之外密宗「即身成佛」的號召，則更能引人入勝。

此外，在佛學的修法中，無論顯教的任何一宗，乃至禪宗，除了採用禪定的靜慮——止觀等方法，做為修持的憑藉以外，其餘的學理，大體上都是智慧思惟所得的成果。而且汪洋惝恍，難窮邊際，使一般淺智的人，感覺到難以憑藉，更無絕對的把握。而在密宗呢？提出有三密的加持功德，使人容易得到「即身成佛」的效果。而且花樣百出，可使修學密宗的人，晝夜忙著「有為」而求達「無為」涅槃的成果。這是人們多麼喜歡的事，也可以說，它是經濟價值高而成本較為低廉的成佛捷徑。所以釋迦牟尼遺言中提到，後代末世的時期，大乘佛學的智慧成就之學，一一衰落，唯獨密宗與具有宗教性信仰的淨土宗，才能流佈不息。以此證之於現代的趨勢和事實，卻甚為相似。

密宗三密中的身密

密宗所謂的三密，就是身、口、意的三種內涵的神密。所謂身密，歸納起來，應有兩種意義：㈠人體本有的奧祕，它與天地宇宙的功能，本來便具有互相溝通的作用，只是人們沒有通過大智慧的理解，沒有經過合理方法的修持，所以永遠沒有發起偉大的功用。㈡密宗認為有各種傳統淵源於遠古的方法，加持到修學密法的人身上，便可使他有事半功倍的效果，可以迅速地與神人互通，天人一體，進而至於成佛成聖。

但是從東密與藏密的範圍來講，關於身密的道理和修法，卻各有不同的基礎。以東密來講，透過人體兩手十個指頭，配上心理想像的意念，契合某一修法，便互相挽成各個不同的「手印」（中國的道教，叫作捻訣），便可產生加持修學密法者的效力。因此對於人體十指具有無比潛能的奧祕，實在有值得研究的必要。而以藏密來講，認為除了「手印」的威力以外，關於人身氣（氣機）脉（內腺）的作用，便本自具有「即身成佛」與天人互通的奧祕，幾乎與中國道家的氣脉之說，可以互相輝映，益增光華。（有關密宗「手印」的部份圖）

手指祕名

輕軌之中手指密號多矣。今且出行記中所用示之。謂兩手名二羽亦名滿月。兩臂亦稱兩翼。又十指名十度亦名十輪十峯。右手名般若，亦名觀、慧、智等。左手名三昧，亦名止、定、福等。

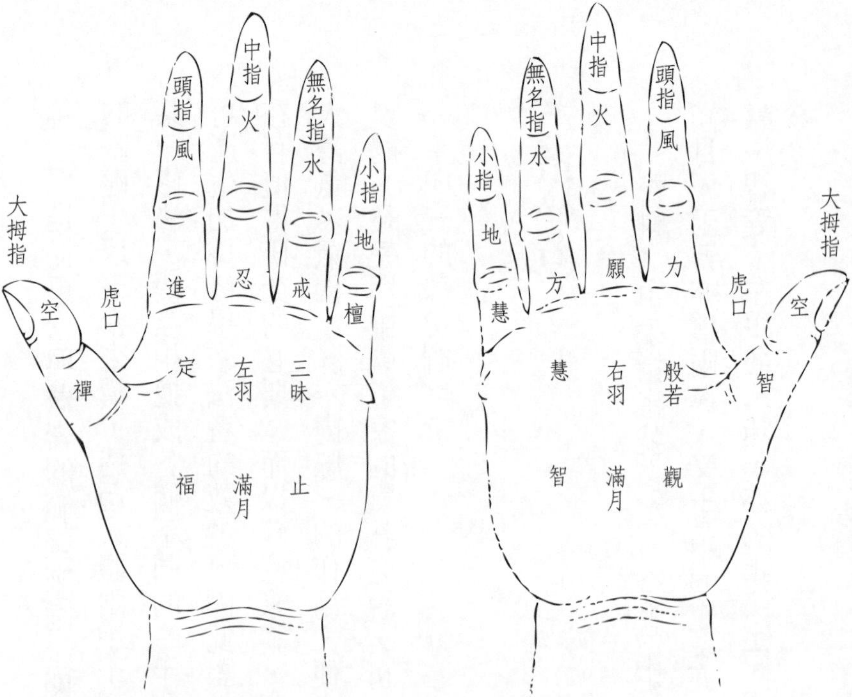

十度號。從左小指起以次數之上，即檀戒忍進禪。從右小指起以次數上，即慧方願力智。五輪密號亦然。從左右小指起次第向上數之，即地水火風空也。如圖須知。

看了這些密宗的「手印」，淺見者流，也許就會輕易地認為它是「玩魔術」，或者等同兒戲的變戲法。其實，這是「人體光學」和「人體電學」的奧祕。需要將來科學再發展的配合，或許可以慢慢瞭解它的內容。現在還沒有時間詳說，而且也非片言可盡，暫且留待以後專論。

蓮華三昧耶

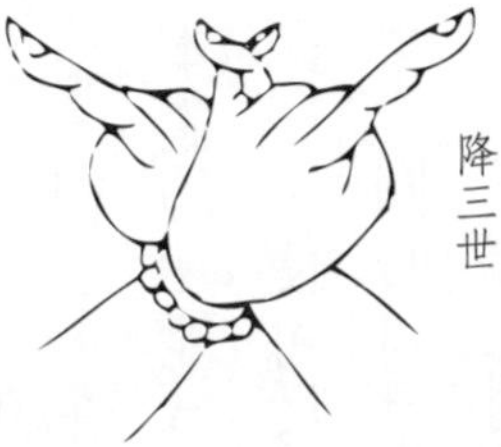

降三世

大慾

法輪

召罪

大樂

淨業

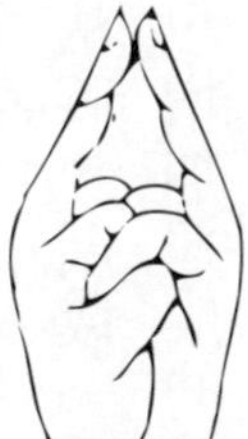

摧罪

五、人身的內密

關於密宗手印的神祕

東密的身密，注重在「手印」的結合，而前圖所例舉的圖式，只是有關「手印」的一部分姿態而已。因為密宗「手印」的種類過於繁多，暫時從略。總之，在密宗的理論裡，認為雙手的十指，對外則與法界佛性（宇宙本體的功能）相通，對內則與五臟六腑相通。所以修習密法時，結成「手印」，便可與法界中已經成就的諸佛菩薩的身密互相感召，增加速成的效果，同時自身也就等同有佛菩薩的神通功用。

其實，對於「手印」具有神祕效力的觀念，並非佛法之密宗開始創此理論，它在印度固有的婆羅門教中，早已流行著重視「手印」的作用。中國秦漢以後的道家符籙派的方士們，也已有了「捻訣」結「手印」的玩意。甚之，有些特別崇拜道家，愛護中國文化的人士，還認為密宗的「手印」與氣脈之學，乃至印度的瑜珈術，都是從中國傳過去的。

這就相當於北魏以後和唐末五代的道教之徒，杜撰道書經典名為《老子化胡經》，說老子騎青牛出「函谷關」，西渡流沙，到了印度，搖身一變，便成為釋迦牟尼。同時佛教之中，也互不相讓，杜撰佛經，說迦葉尊者行化中國時，便搖身一變而為老子。儒童菩薩，乘願而來，化為孔子。這些都是基於狹隘的宗教情緒和宗教心理的作祟，自找麻煩而自成不經之談，徒為有識者之所譏嫌。

有關人體氣脈的奧祕

但到了初唐時代，從蓮花生大師由北印度進入西藏，傳授了留佈在西藏的密宗開始，對於人體身密的奧祕，忽又突出三脈七輪，或簡稱為三脈四輪的學說，涵蓋了密宗和瑜珈術等一切修法的內容。由此發展，便構成由蓮花生大師傳統的藏密，對於色身（現有的身體）的修持方法，綜合起來，便有「修氣，修脉，修明點，修拙火（或稱為靈熱和靈能）」等的成就步驟。同時，對於修心的心法，綜合起來，就有「加行瑜珈，專一瑜珈，離戲（戲論）瑜珈，無修無證」等的成就程序。再從色身修法部分，詳細剖析氣脉，由三脉四輪開始，頂輪概括三十二脉，喉輪概括十六脉，心輪概括八脉，臍輪概括六十四脉等共計有一百二十脉有關於生命奧祕的精闢理論。而且認為人體氣脉與宇宙的功能，實有直接關聯的奧妙。

三脈六輪圖

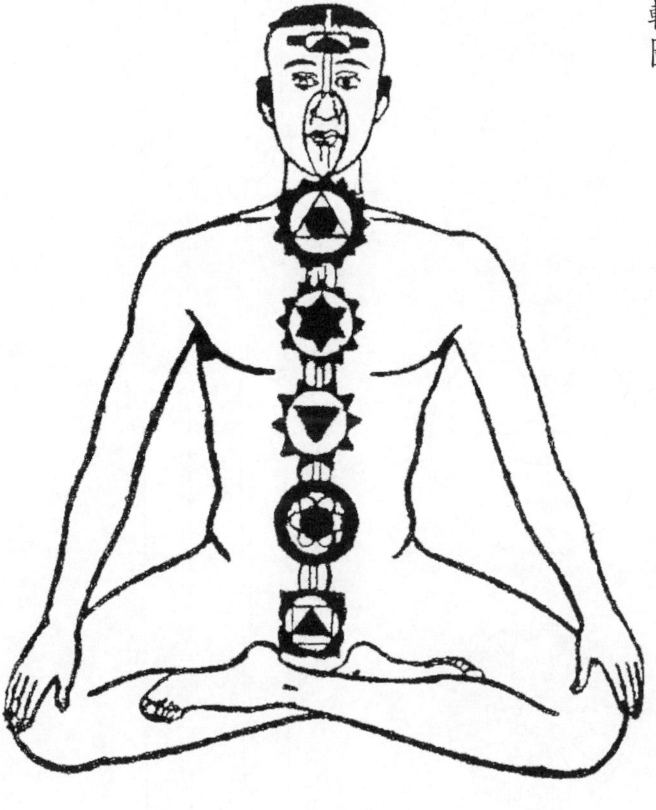

三脈四輪圖（此等脈輪空通全身並通中脈旁脈）

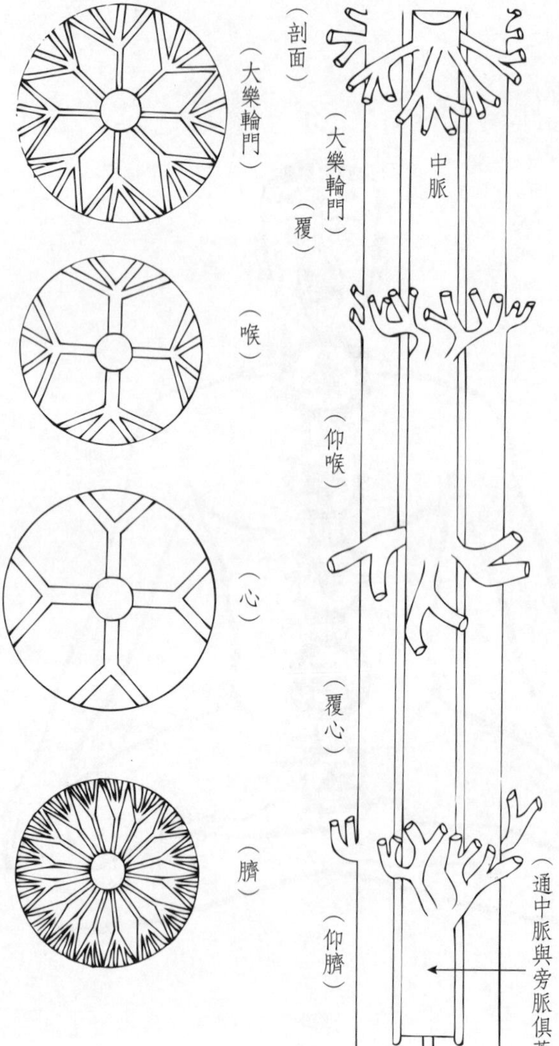

瞭解了東密與藏密對於人體氣脉的觀念以後，由此與道家的氣脉（奇經八脉）理論互相對照，配合中國固有的醫理學——《黃帝內經》《難經》等學理，再和現代生理解剖學、神經學、內分泌學等相互發明，則不但對於人體生命神祕的研究，有更為深入的新發現，同時對於人類醫學也必有更為重要的貢獻。

無奈現代的科學研究，只求科別分工的精析，不管分析以後歸納的綜合研究，因此使通於此者不能通於彼，而互以先入為主的主觀成見，深閉固拒，爭相攻譏，甚為可惜。

可是在歐美研究神祕學者，經過一二百年的輾轉傳習，已把藏密部分的要義，吸收融會而變為神祕學的內容，卻又自行號稱來自大西洋或埃及文化的遠古淵源。如今逐漸發展，已進入科學中「超心理學」範圍，更求深入的研究，前途演變，勢必大有可觀之處，決非目前閉塞於自然科學者所能推論。

佛學顯教與密宗在學理上的矛盾

此外，在佛學的範圍來講，一般修習顯教各宗（當然包括禪宗）的見解，不但認為密宗之學，幾乎有等同邪魔外道的嫌疑；甚之，認為學習密宗的人，便是專搞男女關係，或者是不可救藥的壞種。而且根據佛學大小乘經典的學理，都認為人們的身體，只是「四大」（地：固體的骨骼等。水：血液涕唾等。火：暖力。風：氣。）假合之身，僅為我暫時偶有的所屬，並非真的為我之所有。而一切眾生，卻「妄認四大為自身相。妄認六塵緣影為自心相。」不知「四大」從緣而合，暫有還無，本自性空。

而密宗的修法，恰恰與此相反，不但重視人體的氣機，並且注重修煉身體，認為它是成佛的妙道。於是一般顯教便視之為不經之談。這種理論形成的觀念，嚴格說來，對於全部佛學中，經、律、論三藏的奧義，並未透徹。而且，對於後期佛學性宗「般若學」《中觀》的「畢竟空」，與相宗《唯識學》的「勝義有」，更未融會貫通，所以便不能滙通學理而成誤解。

其實，密宗的依身起修，認為「五大」（地、水、火、風、空）的自體，就是五方佛的自性，其中最高義理，並無絲毫與顯教的經典相違之處。因為屬於色法（物理世界的一切種子）的「四大」，它的自體本性，也就是「阿賴耶識」所屬的附起功能，心物同源，互相依附而發揮它美麗的光輝。所以先從「四大」起修而了卻身業的根本，進而轉此心物一元而返還為大圓鏡的光明清淨。準此學理依據，確是契合佛學最高原理的深密。

玄奘大師所著的《八識規矩頌》中，便已指出「阿賴耶識」具有「受熏持種根（人體生理的六根）、身、器（物質世界）」，去後來先做主公」的作用，充分顯示物理世界的一切和人體生理的功能，本來便是一個同體的分歧變化。所謂「四大」本空的理論，只是從心物現象的分析而契合於實際本體的觀念，並非完全推翻妙有的緣起而成為斷滅論的空觀。

可惜一般學者，只注重「去後來先做主公」的一句，而忽略了「受熏持種」以及它能生起人類生命的生理（根和身）與物質世界（器世界）等等的作用。而且顯教經論所講的，大多都是著重在形而上本體論的辨正，以彼破除凡夫執著現象為實體的觀念。如果依佛學全般的真義而論，這些都是注重於「法身」的修持，而不管「報身」與「變化身」的實證。況且一般的人，又忽略了經論所指出離欲界以後，還必須住於色界方能成就的重點，所謂「盧舍那佛」（報身佛），有必須住於色界而後方能成佛的內義。

但是這種理論，流傳夾雜在中國的道家思想中，便一變再變而成為道家神仙丹法的學術。所謂修成大羅金仙以後，可以散而為炁，聚而成形的隨心所欲。至少亦可修到現在脫胎換骨而白日飛昇。近世以來，再由藏密與道家方面，輾轉流傳，被歐、美的神祕學所吸引，幾乎完全抹去了形而上（法身）的性空原理，而只一味追求生理本質的自性功能，特別注重神通與物理關係的實驗，並且有突飛猛進，日臻玄妙的趨勢。但是停留在十九世紀末期思想階段的密宗與道家方面，卻仍固步自封，閉戶稱尊而日趨凋零破碎，豈非東方文化的一大劫運，自取沒落之道。

六、聲音的奧妙

有關身密的論辯

東密與藏密最大的差別，就是對身密修持方法的不同。東密所傳對身密修持的方法，大多都是配合梵文字輪的觀想，佈滿身體內外的各部分，它仍是利用心意識趨向「專一」的定境。藏密對於身密修持的方法，除了一部分仍然保持字輪的觀想，配合身體內外各部分的作用以外，它惟一的特點，就是特別注重氣脉的修持。這在原始密教所傳的經典文獻中，幾乎是找不出同樣的根據，顯見它與東密是另一傳承。

所以東密原始傳統尊重「龍樹」或「龍猛」。藏密的原始傳統，卻別樹一幟，推尊「蓮花生」大師。但因藏密傳承，特別注重氣脉的關係，它與中國道家的修煉方法，有許多地方，非常相似。因此便有人懷疑藏密的修法，實含有道家的成分，甚之，也有人乾脆認為藏密之中的有關身密的修法，便是道家丹道方術的變相。

並且因藏密的宏開，以及傳說「蓮花生」大師入藏傳授密教的時期，正當初唐的時代，也便是唐「文成公主」下嫁藏王「松贊干布」和番之後。而當「文成公主」入藏的時期，她曾經帶去道士及儒生各若干人。於是就以此事作為有力的證據，認為藏密對於身密的修法，實在是與道家的丹法有關。

相反的，有人認為道家丹法的修煉方法，實含有佛教密宗的成分。甚之，還有人認為道家大部分的方術，都是從印度神祕學派等傳進來的。因為在秦、漢以前的道家修煉方法，與漢、魏以後，顯然是有區別。但在秦始皇時代，所謂梵僧——婆羅門，已經有人到過中國。這事在《佛祖歷代通載》上，也曾經有過記載，因此特別提出作為證明。

這些有關文化歷史考證的事故，確實很難斷定，在此但例舉雙方的論據要點，稍加牽涉而不願再作深入的探討。不過，在過去的西藏，的確早有「太極圖」的標記，而且喇嘛們運用念佛珠等的占卜方法，大體上，與中國的天干、地支的占卜方術，也實有相同之處。究竟是「老子化胡」，或「迦葉變老子」，我認為與真正修持的經驗談，都不關緊要。關於這些問題，正如清初詩人吳梅村所謂：「故留殘闕處，付與豎儒爭。」所謂「古今多少事，都付笑談中」而已。

三密之一的「聲密」

無論東密或藏密，對於身密作如何的爭辯，但祕密宗之所以成為神祕的特點，它最重要的部分，便是神咒「聲密」的祕密。這裡所謂的「聲密」，就是密宗所稱三密之一的「口密」，也便是一般人所謂的「咒語」。

關於神祕的咒語問題，這是人類文化史上非常有趣，而且也很重要的事實。世界上富有歷史性的神祕古國，如埃及、印度與中國的文化中，都認為它與原始的語言、文字，幾乎是不可分離的文化重心。甚之，還有人認為它的歷史重要性，也早在文字語言之前。但因為人類有了實用文字的進步之後，對於音聲的研究，除了應用在文字言語的結構以外，便把有關於音聲的神祕部分，輕輕鬆鬆地歸到神祕的迷信裡去，而留給巫師們作為巫術的神奇運用了！

只有佛教的密宗，還比較有系統地保留了印度神祕的傳說，特別形成了「密教」的中心。但是時代的推進，就此殘餘僅有的密教，也將隨歷史文化的變遷，快要成為過去，而只有留待未來的科學去研究了。

重視咒語的神奇早在佛教之先

早在釋迦牟尼之前，印度傳統文化的重心——婆羅門教，素來便很重視咒語的神祕性。他們也和「密教」瑜伽士們的信念一樣，認為咒語的作用，可以與形而上天神的心靈，直接感應而發生效力。等於修持密法念誦咒語的人，認為咒語是與佛菩薩的電報密碼相似，可以呼應通靈，互相感召。因此，念誦咒語，絕對用不著去運用思惟，只須深具信念，專心一志去念就好了。

上古的印度，不但婆羅門教，佛教是如此，其他如瑜珈術以及任何各個教派，大體上也都相信咒語具有神奇的能力。如果從釋迦牟尼所傳「顯教」的經典而言，他是極力破除迷信，提倡智慧上的正思惟。但是積重難反，因此在大乘的經典中，有時也利用梵文字母音聲的作用，闡揚教義的重點。

例如在中國佛教的「顯教」中，普通最為流行的觀世音菩薩所說的《心經》，其末了的一段，便是採用這種方法，利用一般人習慣的觀念，強調地宣說般若（智慧）的解脫法門，就是至高無上的咒語。如云：

「故知般若波羅密多，是大神咒，是大明咒，是無上咒，是無等等咒，能除一切苦，真實不虛。故說般若波羅密多咒。即說咒曰：揭諦。揭諦。波羅揭諦。波羅僧揭諦。菩提娑婆訶。」

其實，最後的咒語自「揭諦」開始，它的內容，並非是不可明說的密意。只是不加說明，反而更為有效。這如同孔子所說：「民可使由之，不可使知之」的道理一樣，有時反而更有效果。但是人們的心理總很難說，永遠就像一個小孩，愈是不讓他知道，愈要迫切地求知。因此也有人強作解人，硬把它的內義很簡單地譯成說明了。所謂「揭諦」以下的意義，便是包括「自度啊！自度啊！快求自度到彼岸啊！而且要快來救度大眾到彼岸啊！快快的覺悟自救吧」等道理。但由此也可說明了印度文化中重視咒語「聲密」的神奇，是早在佛教以先就已存在的有力證明。

人類真瞭解音聲的神祕嗎

密宗既然如此重視音聲的神祕，難道音聲的本身，真正具有神祕的作用嗎？事實上，這是真的。綜合東西雙方的學問知識，人類的文化雖然有了上下五千年的成就，但對於音聲的神祕功能，直到目前為止，仍然還沒有窮其究竟。古今中外所有的音聲之學，也只是為了文字言語上的應用而加以研究，並未真能做到更進一步的探討。在物理科學上，雖然對「聲學」與「光學」一樣，已經有了超過前人的成就，但是也只應用在傳播人類文化、思想、情感等的作用。

甚之，最新的科學，正在追求銀河系統的音波作用，但所研究的目標，也還沒有轉移到探討音聲與宇宙萬有生命關係的神祕功能。可是至少比過去大有進步，在人類的知識範圍裡，總算已經知道宇宙間還有許多音聲的存在，而且用人類的耳朵，絕對是無法聽見的事實。例如頻率過高與頻率太低的音波，人們都無法聽到，這已是大家知道的事實。

所以老子所說：「大音希聲」，也很自然的恰合於科學的道理了。但是透過有形音聲的作用與功能，在人類的知識範圍裡，已經有如上述許多的無知，更何況還有無形象可得的心聲的神祕呢？

密宗咒語的根據

至於密宗所謂三密之一的「口密」——「聲密」，在東密而言，它所根據的，是印度上古梵文字母的聲母與韻母的組合。（印度自古至今，始終留傳著幾十種文字與語言，梵文，僅是其中之一。而且梵文還有古今音聲的不同。就是古代印度的梵文，約當中國唐、宋時代為止，還有東南西北中五印度發音的差別，與字體形聲的不同。所以現在世界各國有許多研究梵文，或者透過印度其他文字而研究梵文，以便瞭解古印度密宗所傳梵文密咒的神祕，以及唐、宋以前傳譯過來佛學經典的真相。這種想法，我們幾乎可以說它是不可思議的自我陶醉。）

至於藏密方面，自初唐開始，依梵文而創造了藏文以後，他所傳授的咒語，也便以藏文為根據。東密在盛唐開元時期（公元七一三—七四一），傳入中國，直到明代永樂年間（公元一四〇三—一四二四），才被放逐出國而留傳在日本，因此便有了東密的稱呼。但是在日本高野山東密大道場所傳出的咒語，大體上都已變成帶有日本音的梵語了，所以現在要詳實地研究密宗咒語的音韻，實在是一件非常複雜的問題。如同中國流傳最久而最普遍的《大悲咒》，便有南方北方音聲上的少許差別。至於密宗所觀想的梵文，或藏文，同咒語的音聲一樣，也有古今書寫方法的相異之處。

七、聲音對人體神妙的作用

聲音的妙密

密宗所標榜的「口密」，就是修習密宗的人口裡所念誦密咒的奧祕，有時又稱為「真言」。這是具有信仰的作用，由於尊敬修法的觀念而來，認為世界的文字言語，都是虛妄不實、變動不拘的假法，只有佛菩薩等神祕的咒語，才是真實不虛，通於人天之間極為奧密的至言。是否果真如此，那是一個非常複雜的問題，留待將來神祕科學去研究探討。現在要講的，便是音聲有關人體妙密的問題。

音聲在物理世界中的作用，到目前為止，除了自然科學已經瞭解聲學的原理和應用以外，至於宇宙間的生命與音聲的關係，以及植物和礦物等有無音波輻射和反應等問題，都還是尚未發掘的領域。音聲對於人類和其他動物的作用，早已被世人所知。但人類對於音聲的學識，耳熟能詳的，還只知其能溝通人與人之間，人與動物之間的思想、情感等。至於利用音聲促使人與動物等的生命，得以啟發生機，或者感受死亡的祕密等，在目前的科學知識範圍裡，還是一片空白，尚須有待新的研究和努力。

如果從密宗念誦咒語的修習方法來講，它是利用一種特別的音符，震動身體內部的氣脈，使它發出生命的潛能，變為超越慣有現象界中的作用，而進入神妙的領域，乃至可以啟發神通與高度的智慧等。所以在東密的三部密法中，如「金剛部」、「胎藏部」、「蓮花部」，使各有不同的咒語，使修習者為不同之目的而達到不同的效果。如果從這一觀點的立場來說，密宗咒語的音聲祕密，它的最大重心，是在音聲與人體氣脈的關係，純粹是一種超越宇宙中物理的奧密作用。一方面可以擺脫對另一超人信仰的神祕觀念，而完全從理性中去尋求真義，但另一方面也可以透過純理智的瞭解，而畢竟歸向於堅定的恭敬信仰。

據密宗的說法與顯教經論的教義來說，咒語的祕密只有八地以上的菩薩可以瞭解，而證到八地以上的菩薩，也能自說咒語。在中國佛教的禪宗裡，就有普菴印肅禪師，曾經自說一種咒言傳給後人。因此一般習慣，便叫它為「普菴咒」。這個咒語的本身非常單調而複雜，但念誦起來卻很靈驗。所謂單調，它是許多單音的組合，猶如蟲鳴鳥叫，或如密雨淋淋，但聞一片淅瀝嘩啦之聲，洋洋灑灑。所謂複雜，它把這許多單音參差組合，構成一個自然的旋律，猶如天籟與地籟的悠揚肅穆，聽了使人自然進入清淨空靈的境界。由此可知，真正的悟道證道者，能夠瞭解密咒的作用，並自能宣說密咒的說法，並非是子虛烏有的事。

三字根本咒與人體氣機的關係

東密與藏密所唸誦咒語的原始根據，都是從印度中古時期的梵文發音而來。據玄奘大師留學印度時代的考察，梵文有南印度與北印度等不同的差別，《大唐西域記》卷二曰：「詳其文字，梵天所製。原始垂則，四十七言也。……因地隨人，微有改變。語其大較，未異本源。而中印度特為詳正，辭調和雅，與天同音。」梵文書體右行，為古今印度文字之本源。南北發展各異，行於北者多方形，行於南者多圓形。但唵（讀如嗡音）、啊（讀如阿音）、吽（讀如閧音）三個字，卻是梵文聲母的總綱。因此只用此三個字的發音，組合成為一個咒語，便是普賢如來的三字根本咒了。普賢如來，是意譯的妙密，也有意譯為普現的。普賢就是普遍而賢善地充滿一切處所，無時無處而不存在的意思。

唵字，也就是宇宙原始生命能量的根本音。它含有無窮、無盡的功能。在人體而言，它是頭頂內部的音聲。和人們掩蓋耳朵時，自己所聽到心臟與血脈流動的聲音相近。所以凡念誦唵字部發音的咒語，必須要懂得他發音機括的妙用。最低效果，它可以使頭腦清醒、精神振發。如是傷風感冒，連續不斷地念此字音，可以使頭部發汗，得到不藥而癒的效果。

阿字，是宇宙開闢，萬有生命生發的根本音。它具有無量、無際的功能。同時，阿字是開口音，是世界一切生命，開始散發的音聲。例如中國佛教淨土宗的念誦「阿彌陀佛」，便是屬於密宗阿部的開口音。也可以說，它是「蓮花部」基本的聲密。如果能夠懂得運用阿部音的妙用，就可以打開身體內臟的脉結，同時可以清理腑臟之間的各種宿疾。真能瞭解而合法修習，久而久之，自然可以體會到內臟氣脉震動的效果。

吽字，是萬有生命潛藏生發的根本音。也可以說：唵字，是形而上天部的音聲；吽字，是物理世間的地部的音聲；阿字，是人部的音聲，是人與動物生命之間的開口音。在人體而言，吽字是丹田的音聲。如果懂得以吽部音來念誦，可以震開脉結，啟發新的生機。最低限度，也可以達到健康長壽的效果。例如東密藏密共同所傳的觀世音菩薩的六字大明咒：「唵、嘛、呢、叭、咪、吽。」它便概括了唵字與吽字的咒身，至於其中「嘛、呢、叭、咪」四字之音，都是阿部音的變化妙用。

總之，有關密宗咒語與音聲神祕作用，以及咒語的音聲與人體的奧祕關係，的確不是片言可盡其妙。而且以上所說念誦方法的巧妙，也無法以我笨拙的文字表達它的究竟。一切均需自己潛心鑽研，同時求乞明師經驗的教導，以身體力行加以求證的結果，或者可以瞭解它的奧妙於萬一。

除此以外，中國的文字語言，在魏、晉以後，有了「切音」（拼音）方法的出現，實亦是當時從西域過來的和尚們，為了翻譯之便，根據梵文拼切的作用而創造了「反切」拼音的方法。演變到現在，有了國語的拼音，它的源流淵源，實亦由此而來。有關密宗的「聲密」，暫時到此為止，以下應當轉入「意密」的研究了。

八、意密與佛學理論之依據

意密，是東密與藏密身、口、意「三密」之一，同時也是密宗「三密」中最主要的一環。因為身體的內密與音聲的妙密，都憑藉意念（意識）而發揮作用。在佛學顯教的經論中，無論大小乘任何宗派的修法，都以清淨其意，空了意念（意識）的妄想為主旨。唯有祕密宗的修持方法，獨以運用「意念」的觀想，作為「即身成佛」的方法，它的確與各個宗派與大小乘的理論，迥然不同，此中奧妙也當然自有它密意的存在，實在需要深入探尋。

人類之所以自稱為萬物之靈的主要原因，就是人類具有思想和情感的關係。人與動物的分野，也由此而別。情多想少，智力便低。情少想多，智力就高。思想愈高者，由於智力的昇華而進入超人的境界。情欲濃重者，由於智力的減退而墮落到動物的意識狀態。思想和情慾，雖然話分兩頭，作用也不一樣，但是它都憑藉「意識」的功能，而發揮它的應用與效果。無論在大小乘佛學的範圍，或是通俗世間的一切學識，對於知覺和感覺的關係，叫它是「心」、是「性」，或認為它是「心理」的作用等等，如果把它歸納起來，也可以強調的說，都是「意識」作用同質的異名而已。

在人類的文化中，不論東方或西方，許多宗教和哲學，只要重視實際的修煉方法，都是依靠人類天賦本能的「意識」思想去做工夫，這是一致不易的原則，也是東西共通的事實。即如佛教大小乘各宗的修法，雖以達到「有餘依涅槃」或「無餘依涅槃」為目的，但都是以「自淨其意，是諸佛教」作為守則，這是毫無疑問的。

小乘道果的「偏空」，和大乘佛果的其空亦空而至於「畢竟空」的原理，其所謂「空」的境界，基本上，也就是利用自己心意識的作用而使意識昇華，猶如以楔子鍥進入無比空靈的領域，不依身、不依物，而住於不同凡俗的境界，然後勉強說明它的狀況，叫它是「空」而已。

因此可知大小乘佛學和佛法所謂的「空」，也只是抽象地指出另一現象的不同觀念。如果從「密宗」和「唯識學」的理論來說，無論是有境界的

「空」（有餘依的空），或是境界亦無的「空」（無餘依的空），它都是一個真實不虛的大「有」。所謂「空」，只是意識達到平靜的現象。所謂「不空」，便是意識平靜的實體本來如是而已。

意密與唯識

其次，大小乘佛學最大最高的課題，便是對於形而上本際的究竟，是「空」是「有」的認識，並不如一般哲學所探討本際是「心」是「物」的諍論。自釋迦滅度以後，由印度佛學的「結集」開始，以及小乘佛學的分宗分派之爭，以至後期佛學轉入大小乘之爭以後，曼衍流變，便有「般若」的「畢竟空」與「唯識」的「勝義有」之辯。由此傳入中國漢地與西藏之後，仍然還有「般若」的「空觀」，與「唯識」的「勝義有」孰先孰後之爭的存在。其中關於中國佛學的科判佛說經典的先後次序，姑且不論。

例如有關密宗修法與佛學理論的依據來講，無論東密與藏密，大體上都認為「唯識」的「勝義有」，才是釋迦最後所出的究竟定論。換言之，佛說「般若」的「空觀」，還只是一時之方便。由「真空」而再證「妙有」，才是最後的究竟。至於空非真空，有非實有，即空即有與非空非有等，雙邊對等互破而建立「中觀」的理論，那都是淨化對本際知見的理念問題，在此也暫且不談。

但因此可知密宗修法的理論依據，實以「唯識學」的體系作為基礎，和「達摩禪」有同出而異名，目標一致而方法運用各別的微妙關係。

總之，大小乘的佛學，大體上，都以淨化意念（意識）入手，最後達到無得無依為依歸。因此必須要空了心念，捨妄歸真。而密宗的知見，依據「唯識」的「識變」理論，認為「空」與「有」的境界，也都是「唯識」的淨與污之變化現象，而此心、意、識的究竟體相，「有」即是「幻」，「空」亦非「真」，而且即此意念，也便是心識的本體實際的妙密功能，所以只要直接去「轉識成智」，便可「超凡入聖」，甚之，便可「即身成佛」了。老實說，不但密宗理論的基本依據是如此，即如中國佛教所創立的淨土宗之基本依據，也並不外於此例。

有關心意識修法的粗淺說明

如果我們推開佛學的理論，但從現在通常易懂的方法來說明，首先便須瞭解我們這個現有的心、意、識的狀況，也可以說先要明瞭這個「心波」的現狀。例如一、二兩圖的表示。圖一顯示通常人心意識活動狀態。圖二則為修習佛法人觀察心意識波動的狀態（A虛線表示「心體」，B波線表示「意念」，C波線中間的凹點表示「意靜心空」）。

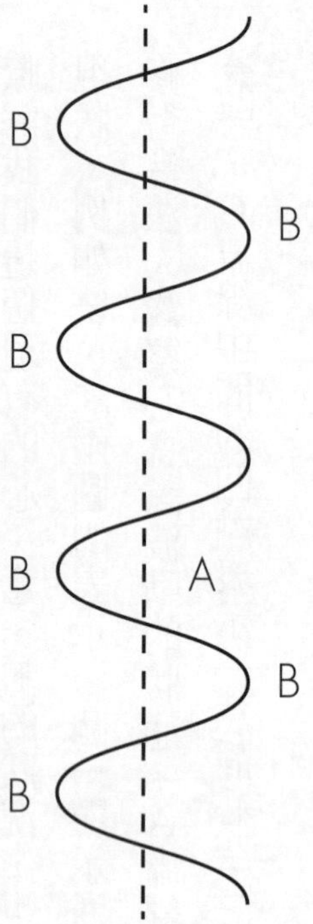

圖一：通常人心意識活動的狀態

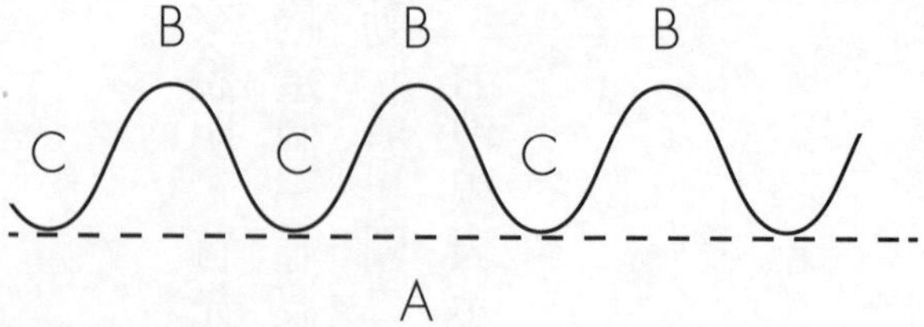

圖二：修習佛法人觀察心意識波動的狀態

瞭解了這兩圖以後，便可知中國佛學，綜合大小乘與顯教密教的理論，認為「全波是水」，「全水即波」的簡要原理了。由此原理的推衍，便可知道密宗的運用意念（意識）作觀想的修法，它與禪定「心一境性」修法的原則，以及「般若」觀空的作用，完全不二。顯教是以「波平境淨」為教理的究竟；密宗是以「淨化心波」為教理的極果。如果獨以「波平境淨」為究竟，偏之毫釐，便成一潭死水，再不能繁興大用，而建立昇華的生生不已的功用。如果只認為「淨化心波」，無妨起用為究竟，倘有絲毫偏差，習染於有，也會致於「動則易亂」之迷。

因此藏密修法的系統，便有不同於東密之處，以「生起次第」與「圓滿次第」作為密法的旨歸。「生起次第」，以淨化意念而繁興幻有的大用。「圓滿次第」，以止息心波為歸真返璞的究竟。其實，這與天臺的三止三觀，「空、假、中」的修法次序，也只是名異實同，理論的著眼點與修法入手的起點略有差別而已。歸根究底，畢竟無異也。

九、意識的神祕之研究

再論「意密」

「意密」，這是密宗的特有名稱，無論「東密」和「藏密」，都把它列為三密之一的主要因素。這個名稱的內涵，究竟是指人們的「意念」具有無上的神祕力量呢？還是說「密宗」利用意識作觀想的修法，具有另外「祕密」的道理呢？倘使從一般修學密宗的習慣來說，提到意密，自然就會生起神祕恭敬的心理，不敢去碰它，也不敢去多想它。認為依照上師們的傳法去作「觀想」，就是「意密」的道理。至於意念的本質，是否具有神祕的功能？或者另有密意而叫它作「意密」？那都不去管它，只自根據「密宗」傳統的習慣，而不敢多事研究。

現在為了介紹「密宗」和西方「神祕學」的微妙關係，同時也因時代文化的觀念不同，必須要剖析「意密」真正的內涵意義，因此而改頭換面，從一般世俗知識對於「意念」的認識說起，再進而探索「密宗」的佛學之內涵來研究它。這樣不但容易瞭解「意密」的道理，而且對修學密宗的人，可能也有切實的幫助。

意識與現代心理學

意識、意念、意想、思想、思惟、靈感、心靈、第六感等等的名稱，在現代科學觀念的分類方法上，和確定名辭內涵的邏輯（Logic）觀念上，應該各有各的定義，各有各的所屬範圍。如果從普通一般心理學的立場來說，所有這些名辭，統而言之，都是心理作用的不同觀念，同為心理上主要作用的一種功能而已。

我們都知道從現代的機械心理學，和「唯物」思想——物質和物理的實驗結果的「生理學」與「醫學」來講，由身體感官對外界事物所反應的知覺和思惟作用，便叫作「意識」。但從現代機械「心理學」的觀點來說，這種心理所產生的「意識」狀態，都由機械式的反應習慣所構成，如果離開生理感覺上的反應作用以外，就沒有一個超越生理、超越物質作用的「意識」和「精神」。就以精神這個名辭本身來講，它也只是生理機能的抽象名稱而已，同神經和內分泌（Endocrine）等等的總和，而另命名它是「精神」。

這便是現代科學對於「意識」的認識和定義，包括「心理學」、「生理學」、「醫學」、「精神學」等等的綜合觀念，可以說也都是偏向於「唯物」思想的路線。也許明天科學的發現又有進步而不止於此，那又另當別論了。由於這些的理論觀念作基礎，反觀有關「宗教」和「神祕學」的信念，都可以說是精神變態，或心理變態，自然而然就不受重視了。甚之，認為哲學上的「唯心」思想，也只是「心理」作用上一種不同的觀念而已，並無真實的證據可言。直到現在，舉世滔滔，一般的科學立場，無論是人文科學或自然科學，大體上都是傾向於這種思想和理論的。只有篤信「宗教」和「神祕學」的人，才墨守成規，一成不變地固守一隅。

此外，正在世界科學暗潮中新興的一門學科——「靈魂學」，它的基本信念，絕對是超越「唯物」思想的。可是「靈魂」存在的理論和信念，也正想利用許多科學的方法來求證明，並未完全確定。而且「靈魂」的存在，它與「意識」究竟有什麼關係？目前，一般研究「靈魂學」者，還沒有注意及此。因此「靈魂學」的研究，在現代的科學觀念中，它同「神祕學」一樣，還都是科學的外圍科學，並沒有被純粹的科學研究所接受。

我們現在既由「意密」的開端而牽涉到現代「心理學」等的認識，就必須把「密宗」所依據的「佛學心理學」的基本概念，首先作一番介紹。無論「東密」與「藏密」，它的基本學理依據，就是印度後期佛學的「唯識學」。所以過去在西藏修學「密宗」的嚴格規定，必須先要化十多年的時間，研究精通了大小乘全部佛學以後，才能正式修習「密法」。

有人認為佛學的「唯識學」才是真正的佛學心理學，這個觀念實在不敢苟同。因為「唯識學」雖然是從「心理」的體驗開始入手，但它的終極理論，卻是透過人們的「心理」現狀而籠罩身心一體，進入心物一元的形而上的「本體論」。它與發展到現代為止的「心理學」，大有相互逕庭之處，絕對不可以混為一談的。從「唯識學」的觀點來說，現代的「心理學」僅能瞭解「第六意識」的正反兩面作用，至於作為人我生命中樞的「第七識」，以及能為宇宙萬有自主的「第八識」；也就是精神世界和物質世界根據的「阿賴耶識」，決非現代「心理學」所能認識瞭解的。

建立在唯識學上的意密

「唯識學」所謂的識，依一般傳統觀念的解釋，它是具有「識別」的作用。其實，這也只是從名辭上所作的注解。如果真實瞭解全部「唯識學」的道理，它之所以稱謂「識」者，是有別於一般「唯心」的儱侗觀念。因為它的基本功能，便自具備有造作「意識」的分別作用；同時又具備與物質感應的觸覺，而構成心理狀態的感受，以及生起粗淺浮動的思想作用，和靜止清寂的思惟等功能。

因此，它指出一般所謂的生理感官如眼睛、耳朵、鼻子、口舌以及整個的身體，都各自具有各別對外界反應接觸的識別作用，而以「前五識」稱之。也可以說，在生理感官的本身上，還沒有與「第六意識」配合而生起作用時，這種「前五識」的本身，它本自具有反應事物的鑑覺功能。它是造作「意識」分別的先驅，同時也自具有感受的連帶功能。

例如一個人碰到特別的遭遇，心裡有所專注時，雖然他的眼睛面對事物，耳朵聽到周遭的聲音，但卻不會像平時一樣，由於聲色的反應而立刻引發心理「意識」的思惟分別作用。雖然當時它對現實在前的聲色，是有反應感受的，但是因為心不在焉，所以沒有像平時一樣，立刻和「意識」作用配合起來，而對境思惟分別，引起情緒上的種種變化。因此，也可瞭解當一個人在剛剛死亡的剎那間，其時「意識」的作用喪失，而將生理官能某一部分另加移殖，仍然會有延續復活的生命功能，便是這個原因。

第六意識　獨影意識

「前五識」是「第六意識」的先驅，譬如用兵，「意識」是全權的指揮官，「前五識」猶如各個不同兵種的前哨。「第六意識」主要的任務，是前通於「前五識」，後接於「第七識」、「第八識」。一切思惟分別和情緒等等的作用，都受它的支配左右。它也相當於現代公司組織的總經理，上面接受董事會（第八識）和常務董事（第七識）的決策，下面指導督促「前五識」達成各種業務。

一個嬰兒的入胎之初，和生下來成為嬰兒的時候，「第六意識」的功能雖然存在，但並未成長而發生作用。到了成童以後，「意識」受「前五識」的影響逐漸形成，而且愈老愈形堅固，便構成為固定心理形態的一種力量——「業力」。

「第六意識」在清醒的時候，它便代行「第八識」、「第七識」的權能而起思惟分別等等的作用。如果進入睡夢的時候，它就發起「意識」反面的潛在功能，不需「前五識」的現場工作，只憑藉「前五識」原本收集的資料，就可生起「獨立」的潛在作用。因此，唯識學把「第六意識」的這種潛在功能，命名為「獨影意識」，又叫作「獨頭意識」。這種「獨影意識」的作用，它可以脫離「前五識」而單獨活動。它所活動最顯著的範圍，歸納起來有三種情況：（一）作夢時，（二）神經病、精神病，乃至因其他的病症而進入昏迷的情況時，（三）禪定中某種境界時。所以從「唯識學」的立場來看，現代「心理學」所瞭解的「潛意識」，又名「下意識」，以及「第六感」等，僅是知道了「獨影意識」的作用。

意識的根

但是「第六意識」，它還不是真正的主人，它只是活人的一個帳房總管而已。它的後臺老闆，便是「第七識」。在「唯識學」上的譯名，叫作「末那識」。這個名辭包括了很多意義，在此暫時不多作解釋，普通一般人叫它作「我執」，或「俱生我執」，也並無太不妥當之處。它是「第六意識」之根，也可以說便是真正「意識」的泉源。

例如一個人天生的個性（秉賦的特性），以及與生命俱來而莫明其妙的習慣、思想、天才等，就是它的作用。它既不是純粹「心理」的，也不是純粹「生理」的，它與生來的身心本質，有密切的關係。因此可知當某一個人在清醒的時候，在「意識」理智上，明知道自己的「個性」太壞或不好，要想立刻改變自己，卻往往不可能而失敗。這個作為「意識」之根的「第七識」，便是人之所以為「我」，也是「我」的真正的「意」根，佛學所謂生命的「業力」，也便是由它而呈現其顯著的作用。

但是，「第七識」還是連根的分支，譬如一叢蔓草，它只是原始叢中連根分支的一脈而已。它的真正的主人翁，就是「第八識」。「唯識學」稱它為「阿賴耶識」，這個名辭的意義也很多，暫時不去詳講。總之，它是心物一元，宇宙萬有同根的一本。它是精神世界與物理世界混合的同一淵源。宇宙萬有由此而出生，也還滅而歸化於它。它是一個「生生不已」、「生滅不停」無盡止的倉庫。

十、從世俗到出世
——談意密與觀想

大體上瞭解了「唯識學」上對於「意識」的認識和作用以後，進一步，便須討論「意識」的本身，它究竟是實際存在的，或是虛幻不實的呢？它是否具有神祕的功能？它與靈魂的作用有何關係？

根據現代一般學識的觀念——包括「心理學」等的知識，所謂「意識」只是人們活著有生命存在時的主要作用。在特別「心理學」的範圍，有時提到「靈感」、「第六感」等的名辭；嚴格說，那也都是「意識」的一種特別功能而已。人死以後，「意識」渙散，是否「意識」轉為「靈魂」，那是「靈魂學」的問題，在現代「心理學」的立場來說，根本是兩回事，毫不相關。而且「靈魂學」還正在萌芽的階段，尚未在學術界占一正式的席位。

「意識」在活人的生命中，是思想、感覺、知覺的泉源，也是人們感覺我的存在之根本。所謂「我思則我存」便是認定意識的思惟作用，就是人我生命的主要中心。至少，在現實的生活中，一般都認為它是實際的存在。

但從大小乘佛學的基本觀點來說，大致都認為「意識」，只是虛幻不實的妄想思惟所形成；它如平靜無波的水面上偶然起滅的浪花，根本上，並無什麼實質的存在，也沒有什麼實體可得。因此所有大小乘佛學修證的方法，大致都以破除妄想，空了「意識」為究竟。所以如果藉著執行虛幻不實的意念來修習佛法，大體都認為是不對的。

但是「密宗」修法中的「意密」，主要便是運用「意識」來作「觀想」。要從「本無」而構成「現有」的觀想境界，這是全憑「意念」的功能。如果依照顯教大小乘的理論，簡直有離經叛教的嫌疑。因為一般學習顯教的人，不明白「密宗」學理的根據，不瞭解「空」「有」雙融和「唯識學」的真義，當然便誤會「密宗」是近於魔道或外道的修法。殊不知印度後期的佛學，以及西藏「密教」的學理，早在千多年前，便有「性宗」的「畢竟空」，和「相宗」的「勝義有」之論辯，也正是關於佛法修證方法的辨正。

「唯識學」將「心」的作用和功能，分作八個部門來解釋，雖然說「識」的作用，只是虛幻不實的分別妄相，但是追究八個識的本身根源，卻都是超現實的存在。所謂「勝義有」，也便是這種意思。「意識」是八識的中堅分子，當然更不例外。只要把分別妄想的作用，扭轉返還於原始靜態的如如不動的功能，這便是「轉識成智」修證成佛的基本效果了。

生圓二次第與觀想成就

瞭解了以上所說一般世俗的學理，和大小乘佛學的簡要理論之後，推開這些不談，但從「三界唯心」、「一切唯識」，和意念的現存作用談起，便可知道「密宗」三密的「意密」，它確是具有很深奧的祕密內義。同時也可由此而瞭解西方「神祕學」的路線，正與此相通。顯教所包括一般大小乘佛學的空相，大體上都是注重把「意識」所生起的妄想幻滅以後，遺留下的那段狀如無物無思的空靈境界，而自認為如此即是「空」相。

殊不知這個空靈無物無思的情況，正是平靜「意識」的一個基本境界。換言之，自己了知即此一念的平靜無波，這便是「意識」真正的「現量」境界。自己認為這就是「空」，其實，此「空」也正是一種「幻有」的現象，也只是「意識」幻現的空靈感覺而已。除此以外，又何嘗真有超越「現量」以外的「空」相可得呢？如果堅執這種空靈的境界就是究竟，而盡力保持修證，充其量，也只是小乘偏空的果位，並非真正的究竟解脫。

因此可知「密宗」的修法（包括東密和藏密），便是直接運用「轉識成智」的原理，引發「意識」潛藏的無比功能，轉變世俗的習染而更換為超然物外的境界。初由「意識」的一念專精而作「觀想」開始，再漸漸地轉變固有的習氣，構成自我超越現實的精神世界，中國佛法的宗派中，由晉代慧遠法師所創立的「淨土」修法，也便是同此原理。

但是藏密自中唐以後，又更進一步，把「密宗」觀想成就的方法，劃分為兩部分，初由「觀想」成就開始，作為「密宗」修法的「生起次第」。再由「觀想」成就而返還於「性空自在」，才是「密宗」修法的「圓滿次第」。後來藏密不同於東密的最大特點之一，便是把每一個修法，都區分為「生起次第」和「圓滿次第」。因此而使「空」「有」雙融，貫通了「勝義有」與「畢竟空」，而成為「中道觀」的「不二法門」。這也可說是「祕密宗」由印度傳到西藏以後，在修證方法和佛學理論上的一大進步，決非「東密」的同一路線。

觀想成就的測驗

但無論修習「東密」或「藏密」的人，能否真正在一念之間，便自作到「觀想」的成就呢？那就是大問題了。「東密」的修法，說「觀想」只是「觀想」而已。關於「觀想」的時效，並無嚴格的說明，不像有些「藏密」修法，謹嚴的規定，要在一念之間便須完全「觀想」得起來。

例如「黃教」修法之一的「十三尊大威德金剛」儀軌，要學者在一念之間，便「觀想」成就為九個頭、十八隻手、三十六隻足。每頭又有三眼，兩角，和項、臂、腕等所帶的釧、鐲及瓔珞，乃至足下所蹴踏的毒蛇、猛獸、人、鬼、羅刹等等，不一而足。

因此，有些人雖然學習「密宗」修法多年；甚之，修了一輩子，也沒有「觀想」完全，哪裡還談得到只在一念之間，便能完成「觀想」成就呢？這便是學者的不明學理，不通禪定「止」「觀」的真實境界，所以往往徒勞無功，反而陷於矛盾，甚之落入神祕的魔障，變成類似神經病和精神病態，或者可說是宗教性變態心理病的徵狀，實在深可嘆息。

又例如「白教」修法之一的「亥母」之儀軌，倘使根據嚴謹的傳授法則，也必須在一念之間，便「觀想」自己轉成為「亥母」之身，三脈（中藍、左紅、右白）四輪（或七輪），以及各個輪位之間連帶的氣脈；如頂輪三十二脉的向下蓋垂，喉輪十六脉的向上承張，心輪八脉的垂蘇下向，臍輪六十四脉的自下承上，必須一一分明，色相明白。同時海底與臍輪的「拙火」靈能，亦須同時燃起，配合意念和氣脉，作到「心氣」合一的境界。如此這般，又有多少學者真能在一念之間，「觀想」成就而得如願以償呢？當然囉！如果修學「密宗」的修法，在一念之間的「觀想」成就還不能做到，那就根本談不到有「生起次第」的成就了。

換言之，對於這種「生起次第」的效驗不能出現，當然是由於不能做到真正「止觀雙運」的初步基礎。譬如讀書，不能做到「過目不忘」，或「博聞強記」，不是腦力不夠，缺乏「記憶力」的訓練，便是心思散亂，意志不能集中的關係。此外，又如一般學習道家的「符籙」，以及學習「神祕學」的基本修法，也是同這樣的初步原則一樣，如果不能做到意念絕對專一的境界，那也只是一種魔術的遊戲而已，絕對不能體驗到「心」「意」「識」確是具有無限的神祕功能，和它實存「現量」的「意密」的「密意」了。

南懷瑾文化出版相關著作

2014年出版

南師所講呼吸法門精要
劉雨虹／彙編

孟子與盡心篇
南懷瑾／講述

東拉西扯——說老人，說老師，說老話
劉雨虹／著

雲深不知處：南懷瑾先生辭世週年紀念
劉雨虹／編

禪海蠡測
南懷瑾／著

禪海蠡測語譯
南懷瑾／原著，劉雨虹／語譯

孟子與滕文公、告子
南懷瑾／講述

太極拳與靜坐
南懷瑾／講述

2015年出版

點燈的人：南懷瑾先生紀念集
東方出版社編輯群／編

金粟軒紀年詩
南懷瑾／原著，林曦／注釋

話說中庸
南懷瑾／著

孟子與萬章
南懷瑾／講述

2017年出版

瑜伽師地論 聲聞地講錄（上下）
南懷瑾／講述

靜坐修道與長生不老
南懷瑾／著

圓覺經略說
南懷瑾／講述

答問青壯年參禪者
南懷瑾／講述

說不盡的南懷瑾
查旭東／著

說南道北：說老人 說老師 說老話
劉雨虹／著

南懷瑾與楊管北
劉雨虹／編

禪、風水及其他
劉雨虹／著

如何修證佛法（上下）
南懷瑾／講述

藥師經的濟世觀
南懷瑾／講述

懷師之師：袁公煥仙先生誕辰百卅週年紀念
劉雨虹／編輯

我的故事我的詩
南懷瑾／講述

2016年出版

孟子與離婁
南懷瑾／講述

孟子與公孫丑
南懷瑾／講述

對日抗戰的點點滴滴
南懷瑾／口述

孟子旁通
南懷瑾／講述

大圓滿禪定休息簡說
南懷瑾／講述

我說參同契（上中下）
南懷瑾／講述

人生的起點和終站
南懷瑾／講述

孔子和他的弟子們
南懷瑾／講述

漫談中國文化：企管、國學、金融
南懷瑾／講述

跟著南師打禪七：一九七二年打七報告
劉雨虹／編

2018年出版

洞山指月
南懷瑾／講述

百年南師——紀念南懷瑾先生百年誕辰
劉雨虹／編

新舊教育的變與惑
南懷瑾／著

禪與生命的認知初講
南懷瑾／講述

易經繫傳別講（上下）
南懷瑾／講述

道家密宗與東方神祕學
南懷瑾／著

編印中

金剛經說甚麼（上下）
原本大學微言（上下）
花語滿天維摩說法（上下）
列子臆說（上中下）
易經雜說
皇極經世書

道家密宗與東方神祕學

建議售價・120元

作　　者・南懷瑾
出版發行・南懷瑾文化事業有限公司
網址：www.nhjce.com
代理經銷・白象文化事業有限公司
412台中市大里區科技路1號8樓之2（台中軟體園區）
出版專線：（04）2496-5995　傳真：（04）2496-9901
401台中市東區和平街228巷44號（經銷部）
購書專線：（04）2220-8589　傳真：（04）2220-8505
印　　刷・基盛印刷工場
版　　次・2018年10月初版一刷
2020年10月二版一刷
2023年2月三版一刷

設計編印 白象文化
www.ElephantWhite.com.tw
press.store@msa.hinet.net
總監：張輝潭　專案主編：陳逸儒

國家圖書館出版品預行編目資料

道家密宗與東方神祕學／南懷瑾著．--初版．--臺北市：南懷瑾文化，2018.10
面：　公分．
ISBN 978-986-96137-2-9（平裝）
1.密宗 2.道家
226.91　　107015878